So genießt Südtirol

W0350984

Heinrich Gasteiger
Gerhard Wieser
Helmut Bachmann

33 x Wok

ATHESIA VERLAG

LIEBE LESERIN, LIEBER LESER!

Wir freuen uns, dass Sie sich für ein Buch der »So genießt Südtirol«-Kochbuchreihe entschieden haben. Um in Zukunft noch besser auf Ihre Wünsche eingehen zu können, ist uns Ihre Meinung wichtig. Bitte senden Sie uns Ihre Anregungen, Ihre Kritik, Ihr Lob und auch Ihre Fragen zu unseren Büchern. Wir freuen uns auf Ihre Nachricht!

info@so-kocht-suedtirol.it · www.so-kocht-suedtirol.it · Fax +39 0471 081079

www.facebook.com/sokochtsuedtirol

BIBLIOGRAFISCHE INFORMATION DER DEUTSCHEN NATIONALBIBLIOTHEK

Die Deutsche Nationalbibliothek verzeichnet diese Publikation in der Deutschen Nationalbibliografie; detaillierte bibliografische Daten sind im Internet abrufbar: http://dnb.d-nb.de

UMSCHLAGBILDER

Rückseite: Perlhuhn mit Chinakohl · Gebratener Eier-Reis mit Miesmuscheln

BILDNACHWEIS

fotolia©: Seite 9 unten (Sharon Meyer), 10 (sarymsakov.com), 13 (Martin Rettenberger), 14 (marcelokrelling), 15 (Viktorija), 16 (yongyutp), 17 (photocrew), 19 (alex9500)
Jack Jelly: Titelbild
Alle übrigen Aufnahmen stammen von Günther Pichler, Eggen, www.gpichler.com

IMPRESSUM
Mai 2017

Weintext: Christine Mayr
Lektorat: Nicoletta De Rossi
Korrektorat: Kathrin Kötz
Umschlaggestaltung: ganeshGraphics, Lana
Design & Layout: Athesia-Tappeiner Verlag
Druck: Athesia Druck, Bozen

ISBN 978-88-6839-223-9

www.athesia-tappeiner.com
buchverlag@athesia.it

designed + produced
IN SÜDTIROL

Einfach QR-Code scannen und auf unserer Internetseite informieren.

Ein Gruß aus der Genießerküche

Unter der Woche muss es mittags und oft auch abends in der Küche schnell gehen, aber gut schmecken soll es natürlich trotzdem. Da sind Gerichte aus dem Wok die richtige Lösung! In diesem neuen Rezeptbuch präsentieren wir Ihnen über 33 attraktive Rezeptideen mit dieser aus Asien stammenden Garmethode, die mittlerweile auch unsere Küche erobert hat. Ob Sie Ihre Familie mit süßscharfem Geflügelfleisch verwöhnen oder Ihre Gäste mit edlen Meeresfrüchtegerichten beeindrucken möchten – in diesem Buch finden Sie garantiert viele schmackhafte und abwechslungsreiche Rezepte für jeden Anlass.

Erleben Sie, wie leicht und schnell sich die herrlichsten Köstlichkeiten im Wok zubereiten lassen. Dem neuen Kochtrend »Fusion Cooking« – einer von Flexibilität, Experimentierfreudigkeit und Innovation geprägten Art des Kochens – folgend, verschmelzen in den Rezepten die Zutaten der asiatischen Küche zu einem köstlichen Mix und machen auch das Kochen alltäglicher Lebensmittel zu einem kulinarischen Höhepunkt. Gebrauchen Sie Ihre Fantasie, verlassen Sie sich auf Ihren Gaumen: Sie werden mit köstlichen Gerichten belohnt, die sich im Nu zubereiten lassen.

Dieses Buch enthält Ideen und Rezepte, die wir selber ausprobiert haben. Für jeden Geschmack ist etwas dabei. Genießen Sie exotische oder vertraute Gerichte aus dem Wok in allen nur denkbaren Variationen.

In übersichtliche Kapitel unterteilt, schlagen wir Ihnen Vorspeisen, Fleisch- und Geflügelgerichte, aber auch Köstlichkeiten mit Fisch und Meeresfrüchten vor, verlockende fleischlose Gerichte runden die reiche Rezeptauswahl ab. Mit den leicht verständlichen Schritt-für-Schritt-Anleitungen wird Ihnen alles auf Anhieb gelingen!

Viel Spaß beim Ausprobieren
und guten Appetit wünschen Ihnen
Ihre Autoren

Helmut Bachmann Heinrich Gasteiger Gerhard Wieser

Inhalt

Wok – ein Kochgerät für alle Fälle

Die Erkenntnis, dass der übermäßige Genuss von fetthaltigem Fleisch, Butter und Sahne ungesund ist, hat viele Menschen dazu gebracht, zunehmend zu asiatisch angehauchten Gerichten zu greifen, denn sie sind eine gute Wahl, wenn man den Verzehr von tierischen Fetten einschränken oder sogar ganz darauf verzichten möchte.

Die asiatische Küche bietet leichte und gesunde Gerichte mit erfrischenden schmackhaften Aromen und bereichert damit den Speiseplan. Diese Speisen werden durch **Pfannenrühren, Dämpfen, Frittieren, Kochen, Dünsten** oder sogar **Räuchern** zubereitet. Dafür braucht man nur ein einziges Kochgerät: den **Wok.**

Im Wok gart alles ganz einfach und blitzschnell. Durchschnittlich in **5 bis 10 Minuten** sind die Wok-Gerichte gar! Knackiges, buntes Gemüse, duftender Reis, zartes Fleisch und knusprige Vorspeisen sind ein klarer Beweis für die große Vielfalt der asiatischen Küche. Kräuter, Gewürze und pikante, scharfe Saucen geben den exotischen Touch.

Das **Pfannenrühren** ist eine uralte **Gartechnik aus Südostasien,** die mittlerweile auch in unseren Küchen Einzug gehalten hat. Obwohl man auch in einer schweren, gusseisernen Pfanne Gerichte durch Pfannenrühren zubereiten kann, ist das optimale Gerät dafür immer noch der chinesische Wok. Der runde Boden und die abfallenden

Seitenwände ermöglichen es, dass die angebratenen Zutaten an den Rand geschoben werden können. Dabei fließt das Öl wieder auf den Boden des Woks zurück, während die Zutaten bei schwacher Hitze am Rand noch weiter garen.

Nicht nur aus Carbonstahl oder Gusseisen: Sehr beliebt sind Woks aus Edelstahl oder Aluminium – häufig mit einer Teflon- oder Keramik-Beschichtung. Die hohe gewölbte Pfanne hat einen flachen Boden – für den Einsatz zuhause sollte das Kochgerät zwischen 28 und 36 cm groß sein.

Der ideale Wok

Traditionelle Woks sind aus Eisen oder Stahl gehämmert und haben einen abgerundeten Boden und schräge Wände. Die moderne Variante besteht aus Aluguss, Gusseisen, Edelstahl oder Stahl-Emaile. Wenn Sie sehr häufig Gerichte im Wok zubereiten möchten, sollten Sie sich zwei Woks in verschiedenen Größen zulegen:

- Einen **großen mit zwei Griffen** und Deckel zum Frittieren und Dünsten
- Einen **kleineren mit nur einem Griff** zum Pfannenrühren

Darüber hinaus gibt es auch Modelle für nur eine Portion.

PFANNENRÜHREN 1

Beim Pfannenrühren werden alle Zutaten nur kurz und unter ständigem Rühren in sehr heißem Öl gegart. Gewürze und vorbereitete Saucen werden erst ganz zum Schluss zugefügt. Diese schnelle und einfache Art zu kochen ist nicht nur ideal für alle Leute mit wenig Zeit, sondern auch für all diejenigen, die auf eine gesunde Ernährung Wert legen: Fleisch, Fisch, Reis und Gemüse behalten beim Pfannenrühren mehr wertvolle Inhaltsstoffe als beispielsweise beim Kochen in viel Flüssigkeit.

Vor dem ersten Gebrauch

Obwohl bei uns Woks aus Edelstahl mit Antihaftbeschichtung angeboten werden, gilt der traditionelle chinesische Wok aus Gusseisen immer noch als der beste unter erfahrenen Wok-Köchen und -Köchinnen. Ein neuer Wok aus Gusseisen ist immer mit einem Öl- oder Wachsfilm überzogen, um ihn vor dem Rosten zu schützen. Vor der ersten Verwendung muss man den Schutzfilm auf folgende Weise entfernen:

- Den Wok bei starker Hitze sehr heiß werden lassen.
- Wok von der Kochstelle nehmen, ihn in warmem Seifenwasser mit einer Bürste schrubben und gut ausspülen.
- Wok bei mittlerer Hitze auf der Kochstelle trocknen lassen.
- Jetzt sollten Sie den Wok imprägnieren, damit er nicht rostet und keine Lebensmittel während des Kochens anhaften. Dafür tränken Sie etwas Küchenpapier mit Öl und reiben damit die gesamte Innenseite des trockenen Woks ein.
- Um die Imprägnierung zu erhalten, dürfen Sie den Wok nach der Verwendung nicht mit Spülmittel reinigen. Verwenden Sie lediglich heißes Wasser und eine Bürste oder einen Spülschwamm, um den Wok gründlich zu säubern. Wiederholen Sie die Imprägnierung nach jeder Reinigung, damit der Wok seine glänzende Oberfläche behält.

Kochutensilien für den Wok

Für das Kochen mit dem Wok brauchen Sie ein paar passende Kochutensilien. Dazu gehören:

- Ein **Wok-Gitter,** das auf den Rand des Woks gesetzt wird, um gegarte Zutaten darauf abtropfen zu lassen.
- Ein **Bambuskorb** zum Dämpfen
- Ein **Schaumlöffel,** um die Zutaten herauszuheben.
- **Holzschaber oder Stäbchen** zum Rühren
- **Holzbretter,** die unerlässlich für das Zerkleinern der Zutaten vor dem Garen sind – am besten solide Schneidbretter aus Holz.

GEWÜRZE ZERSTOSSEN

Zum Zerstoßen von ganzen Gewürzen wie Koriander und Pfeffer ist ein **Mörser** optimal. Alternativ: Gewürze in einer **Gewürzmühle** zerkleinern oder in einen **Gefrierbeutel** geben und mit einem Nudelholz darüberrollen.

Unentbehrlich sind Mörser und Stößel, um die Gewürze frisch zu zerstoßen.

Gerichte aus dem Wok kann man auch mit Stäbchen essen

Mit einem Holzschaber werden die Zutaten beim Pfannenrühren stetig gerührt.

- Ein paar **scharfe Messer,** darunter auch ein Messer mit schmaler Klinge.
- Ein **schweres Messer** zum Schneiden von Fleisch und Geflügel sowie zum Abtrennen von Knochen und Gelenken.
- **Stößel und Mörser,** um Gewürze zu zerstoßen.
- Thailändische Köche benutzen zusätzlich noch einen grobmaschigen **Frittierkorb,** mit dem sie die Zutaten in das heiße Öl tauchen.

Garmethoden im Wok

Pfannenrühren (oder kurz anbraten)

Dies ist die bekannteste chinesische Garmethode und auf der ganzen Welt sehr beliebt. Möglicherweise ist sie auch die schwierigste, denn ihr Erfolg hängt davon ab, dass man alle nötigen Zutaten vorbereitet, abgemessen und sofort zur Hand hat und dass man den **Wok stark erhitzen** kann. Der große Vorteil besteht darin, dass das Gericht bei sorgfältiger Ausführung des Pfannenrührens in **Minutenschnelle**

KÜCHENBEIL STATT MESSER

Für die chinesische und asiatische Küche ist das **Küchenbeil** das Zerkleinerungsinstrument schlechthin. Es macht fast alle übrigen Messer überflüssig.
Sobald Sie im Umgang mit dem Küchenbeil geübt sind, werden Sie feststellen, dass es sich für jeden Zweck eignet: zum **Schneiden** (Streifen), zum **Würfeln** (Gemüse), zum **Hacken** (Kräuter), zum **Filetieren** (Fisch) oder zum **Zerstoßen** (Gewürze).

Peperoncini (Chilischoten)
[1] + [8] Jalapeno
[2] + [3] Cayenne/Serrano
[4] Large Red/Alma
[5] Peperoncinopulver
[6] getrocknete Peperoncini

Peperoni (Paprikaschote)
[7] Babypeperoni (mild)

PFANNENRÜHREN 2

Beim Pfannenrühren müssen Sie **mit beiden Händen arbeiten:** Mit der einen halten Sie den Griff des Woks und mit der anderen Hand rühren Sie die Zutaten fortwährend mit einem Holzschaber oder Stäbchen.

mit sehr wenig Öl gegart werden kann, sodass der natürliche Geschmack der Zutaten erhalten bleibt.

Beim Pfannenrühren nichts anbrennen lassen: Das Öl zum Braten im Wok sollte am besten geschmacksneutral und hoch erhitzbar sein. Erdnussöl eignet sich gut zum Anbraten, da es besonders hitzebeständig ist.
Für den Fall, dass das Gargut zu stark bräunt, unterbrechen Sie den Bratvorgang, indem Sie den Wok vom Herd nehmen. Fügen Sie gegebenenfalls etwas Öl hinzu und fahren Sie mit dem Garen fort.

Dämpfen

Neben Pfannenrühren und Frittieren ist das Dämpfen die gebräuchlichste Garmethode. Gedämpfte Speisen werden durch **schonende, feuchte Hitze gegart,** die frei zirkulieren muss. Auf diese Weise wird der feine Geschmack der Speisen bewahrt. **Fisch** eignet sich besonders gut für diese Garmethode. Dafür kann man einen Dampfkorb aus Bambus verwenden.

Frittieren

Das Geheimnis des Frittierens besteht darin, die Hitze so zu regulieren, dass sich

Pfannenrühren ist die am häufigsten angewandte Zubereitungsmethode in der Wokpfanne.

Im Bambuskorb können verschiedene Zutaten durch heißen Dampf über dem Wok gegart werden.

Die Wokpfanne eignet sich sehr gut zum Frittieren.

die Oberfläche des Nahrungsmittels rasch verschließt, aber nicht zu schnell bräunt. Zum Frittieren im Wok braucht man wegen seiner Form nur wenig Öl. **Frittiertes muss also nicht fettig sein.**

Räuchern im Wok

Geräucherte Speisen sind sehr beliebt, nicht nur weil sie länger haltbar sind: Durch das Räuchern bleiben Farbe, Geruch und Geschmack des Räucherguts gut erhalten. Auch beim Räuchern ist der Wok hilfreich.

- Man kleidet die Innenseite und den Deckel des Woks einfach mit **Alufolie** aus und gibt die Zutaten zum Räuchern (Räuchermehl, schwarze Teeblätter, Zucker und Gewürze) hinein.
- Die marinierten Speisen legt man auf einen eingeölten Rost. Dann wird der Wok langsam erhitzt. Sobald das Räuchermehl zu Rauchen beginnt, wird der Wok fest verschlossen.
- Verringern Sie die Hitze und räuchern Sie langsam weiter.
- Nehmen Sie zum Räuchern am besten einen Wok, den Sie sonst nicht verwenden, da der Geruch nicht rausgeht.
- Am besten im Freien räuchern.

Um das beste Kochergebnis im Wok zu bekommen, werden die klein geschnittenen Zutaten sehr heiß und nur kurz gegart.

Wie das asiatische Kochgeschirr funktioniert

Starke Hitze verkürzt die Garzeit extrem. Durch seine Halbkugelform hat der Wok ein großes Fassungsvermögen und die Hitze kann optimal genutzt werden.

Fast alle Lebensmittel bestehen aus mehr oder weniger Wasser. Dieses verdampft beim Kontakt mit der heißen Pfanne augenblicklich. Dadurch bildet sich ein Dampfkissen, auf dem das Lebensmittel schwebt. Es zischt und dampft, aber nichts brennt an. Dieser Effekt wird als **Leidenfrost-Effekt** bezeichnet.

Nun ist diese Kochtechnik nicht von der Form der Pfanne abhängig, denn tatsächlich erhalten Sie mit einer guten Gusseisenpfanne die gleichen Ergebnisse. Wichtig sind eine **wirklich hohe Temperatur** und ein **Öl mit einem hohen Rauchpunkt,** z. B. Erdnussöl.

So gelingen die Gerichte im Wok

Kurz und heiß gegart, behalten die Lebensmittel ihre Knackigkeit und Frische. Als wichtigste Voraussetzung für das Garen im Wok gilt, dass alle Zutaten **sorgfältig vorbereitet und klein geschnitten** werden müssen. Das Garen selbst geht schnell und ist unkompliziert. Huhn, Ente, Truthahn sowie Schwein, Rind und Lamm, aber auch Garnelen, Lachs, Steinbutt und Seeteufel sowie allerlei Gemüse sind in wenigen Minuten gar.

Zum guten Gelingen der Gerichte beachten Sie diese Schritte:

- Alle Zutaten **putzen** und in möglichst gleich große Stücke **schneiden,** damit die Garzeit nicht zu stark variiert.
- Den Wok erhitzen, dann etwas Öl zugeben und weiter **erhitzen, bis es raucht.**
- **Abkühlen lassen** und die Zutaten zufügen.
- Zutaten **immer bei starker Hitze** garen.
- Werden Zutaten mit unterschiedlichen Garzeiten verwendet, diejenigen mit der **längeren Garzeit zuerst** in den Wok geben.
- Zutaten während der gesamten Garzeit mit dem Holzschaber oder mit Stäbchen im Wok **rühren.**
- Das Gargut **nicht zu lange** garen, damit das Gemüse bissfest ist, und seine frische Farbe erhalten bleibt.

Wokgerichte kann man in der Wokpfanne servieren, aber auch auf verschiedenen Tellerformen anrichten.

Gemüsesorten haben verschiedene Garzeiten, deswegen muss man es nicht auf einmal, sondern getrennt in den Wok geben, angefangen mit dem Gemüse, das am längsten braucht, um gar zu werden.

Pfannengerührtes Gemüse

Bei Gemüsegerichten aus dem Wok sollten Sie Folgendes berücksichtigen:

- Geben Sie **nie alles** Gemüse auf einmal in den Wok. Sie müssen die Gemüsesorten entsprechend ihrer Garzeit trennen.
- **Hartfaseriges Gemüse** (z. B. Karotten Zuckermais, Broccoli und Fenchel) hat sehr wenig eigenen Saft. Sie müssen zuerst in den Wok gegeben und **lange gegart** werden. Um sie zarter zu machen, kann man sie entweder vorher in kochendem Salzwasser blanchieren oder im Wok mit etwas Brühe oder Wasser länger schmoren lassen.
- **Zarteres Gemüse** (z. B. Peperoni, Spargel und Pilze) hat eine **kürzere Garzeit** und sollte erst ein paar Minuten nach dem harten Gemüse hinzugefügt werden.
- **Blattgemüse** (z. B. Pak Choi, Spinat, Mangold und Salat) enthält viel Flüssigkeit und sollte erst im letzten Moment dazugegeben und **nur kurz** gebraten werden.
- Sollte beim Pfannenrühren von Gemüse der Wok trocken werden, fügen Sie kein Öl hinzu – das macht das Gemüse ölig und fettig –, sondern einige Esslöffel **Wasser** bzw. **Brühe** oder auch **Reiswein.**
- Verschließt man den Wok mit dem Deckel, gart das Gemüse schneller.

Pilze haben eine kürzere Garzeit, daher werden sie erst nach ein paar Minuten dazugegeben.

BELIEBTE ZUTATEN

Asiatische Zutaten sind zu einem festen Bestandteil vieler sowohl zu Hause als auch im Restaurant zubereiteter Gerichte geworden. Hier finden Sie asiatische und europäische Zutaten, die mit asiatischen Techniken und Aromen kombiniert werden.
Viele dieser Zutaten, wie Morcheln, Wan-Tan-Blätter, Reispapierblätter oder Glasnudeln, finden Sie mittlerweile in gut sortierten Supermärkten. Spezielle Gewürze und Würzsaucen bekommen Sie in asiatischen Läden und neuerdings auch in »normalen« Geschäften, die der zunehmenden Nachfrage Rechnung tragen.

Melanzane (Auberginen)

Die Chinesen bevorzugen die kleineren, dünnen Sorten mit dem feineren Geschmack. Wählen Sie Melanzane mit einer makellosen Schale.

Basmati-Reis

Diese köstliche Langkornreissorte vom Subkontinent Indien und Pakistan wird wegen ihres aromatischen, nussigen Geschmacks geschätzt. Der Duftreis, wie er auch genannt wird, eignet sich hervorragend zum Braten.

Bohnensprossen

Die Keimlinge der grünen Mungobohne sind heutzutage fast überall erhältlich. Bohnensprossen sollten immer ganz frisch und knackig sein.

Peperoncino (Chilischoten)

Die Samenanlage der Capsicum-Pflanze ist frisch, getrocknet oder gemahlen erhältlich. Die vielen verschiedenen Sorten unterscheiden sich stark in Geschmack und Schärfegrad. Die feurigen Verwandten der Peperoni geben Wok-Gerichten ihre Schärfe. Unreife Peperoncini sind grün, reife rot. Meist sind kleine schärfer als große. Da Peperoncini sehr scharf sind, sollten die Hände nach dem Schneiden gründlich gewaschen werden.

Gekochter Basmatireis

Zu den Wok-Gerichten gehören traditionelle asiatische Zutaten wie Glasnudeln und Basmatireis, aber auch Gewürze wie Peperoncino (Chilischoten), Ingwer und Zitronengras, genauso wie Würzsaucen und Würzpasten, wie beispielsweise Sojasauce und Sambal Ketjap.

Chinesischer Schnittlauch

Dieser Schnittlauch hat einen viel intensiveren und **knoblauchartigen Geschmack** als die westliche Variante. Man kann ihn als Ersatz für gewöhnlichen Schnittlauch nehmen, sollte aber aufgrund seines intensiveren Geschmacks die Menge reduzieren.

Chinakohl

Auch als **Pekingkohl** bekannt, wird dieses vielseitige Gemüse mit den festen blassgrünen oder in manchen Fällen leicht gelblichen, zerknitterten Blättern gerne im Wok verwendet. Wegen seiner Fähigkeit, Aromen aufzunehmen, seines angenehmen Geschmacks und seiner Konsistenz gehört Chinakohl zu den Lieblingsgemüsen der Wok-Gerichte.

Currypulver Madras

Das Currypulver, das bei uns verwendet wird, unterscheidet sich stark von dem Pulver, das die Inder gerne verwenden.

Frühlingsrollen

Frühlingsrollen zählen zu den beliebtesten chinesischen Speisen. Im Grunde sind sie nichts anderes als dünne Pfannkuchen mit einer Füllung, die meist Cipollotti (Lauchzwiebeln) und Sojasprossen enthält.

Garnelen

Früher wurden Garnelen meist gekocht angeboten, nun erhält man sie auch tiefgefroren, frisch oder in Lake. Um die Garnelen zu schälen, drehen Sie zuerst den Kopf ab und entfernen Sie den Schwanz. Dann dürfte es eigentlich ganz leicht sein, die Schale abzuziehen und damit auch die winzigen Beine. Auf der Rückseite leicht einschneiden und den Darm entfernen. Waschen Sie die Garnelen vor der Weiterverarbeitung.

Glasnudeln

Diese feinen weißen Nudeln werden nicht aus Getreidemehl, sondern aus gemahlenen Mungobohnen hergestellt und getrocknet angeboten. Vor dem Gebrauch sollte man sie etwa **5 Minuten in warmem Wasser einweichen.**

Ingwer

Frischer Ingwer ist in jeder authentisch chinesischen Küche eine unentbehrliche Zutat. Der scharfe und würzige Geschmack des frischen Ingwers verleiht Wok-Gerichten ein unverwechselbares Aroma. Frischer Ingwer sollte immer fest und glatt aussehen, er schmeckt und wirkt intensiver als Ingwerpulver. **Seine ätherischen Öle regen die Verdauung an und stärken das Immunsystem.**

Koriander

Koriander, auch als chinesische Petersilie bekannt, sieht wie glatte Petersilie aus, aber sein scharfes, moschusartiges, zitroniges Aroma macht ihn unverwechselbar. Seine Blätter werden oft zum Garnieren verwendet: In Streifen geschnitten, können sie in Wok-Gerichte gegeben werden.

Koriandersamen

Gemahlener Koriander oder im Ganzen verwendeter Koriander hat ein frisches, zitronenartiges, süßes Aroma. Sie können Koriander gemahlen

Chinesische Nudeln (Glasnudeln)

kaufen, doch am besten ist es, die ganzen **Samenkörner** zu rösten und dann zu Pulver zu zerstoßen.

Kreuzkümmel

Dieses häufig verwendete Gewürz verleiht vielen Speisen ein leicht süßliches Aroma. Für ein intensiveres Aroma sollte man die Samen im Ofen rösten und dann erst mahlen.

Vor dem Gebrauch werden Reisnudeln 20 Minuten eingeweicht.

Limette

Diese kleine grüne Zitrusfrucht hat einen leicht herben Geschmack und wird als Grundlage für Saucen verwendet oder um etwas Pep in die Speisen zu bringen.

Pak Choi

Das Blattstielgemüse wird auch **chinesischer Senfkohl** genannt. Er ist mit dem Mangold verwandt.

Mangold

Der Mangold ergibt mit seinen langgestielten, bis 30 cm langen Blättern ein rein vom Aussehen her dem Spinat ähnliches Gemüse. Es gibt zahlreiche Sorten mit unterschiedlicher Blattfarbe (bleich, gelb, hell- bis dunkelgrün und dunkelrot). Für den Wok kann man die Blätter und auch die Stiele verwenden.

Reisblätter (Reispapier)

Reisblätter werden aus Reismehl, Wasser und Salz hergestellt und mit einer Maschine so dünn wie Papier ausgerollt. Dann werden sie auf Bambusmatten in der Sonne getrocknet.

Reisessig

Essig wird in der chinesischen Küche oft gebraucht und im Unterschied zum westlichen Essig meist aus Reis hergestellt. Es gibt viele Sorten Reisessig: von **würzigen** und **leicht herben** bis zu **süßen und scharfen Sorten.** Es gibt roten, schwarzen und weißen Reisessig. Roter Reisessig ist süß und würzig, schwarzer Reisessig ist sehr dunkel und kräftig, dennoch mild im Geschmack. Weißer Reisessig ist mild und schmeckt ein wenig wie Klebreis: Er wird für süße sowie saure Gerichte verwendet. Sie können aber auch Apfelessig verwenden.

Reisnudeln

Diese getrockneten Nudeln sind milchig-weiß. Am weitesten verbreitet sind die flachen **Reisstäbchen-Nudeln.** Etwa 20 Minuten in Wasser einweichen und dann weiterverwenden.

Spinat Pak Choi Mangold Chinakohl

Sesamsamen

Mit Hülse sind die Samen gräulich-weiß bis schwarz, ohne jedoch winzig, etwas abgeflacht, cremefarben und an einem Ende spitz zulaufend.

Sichuan-Pfeffer

Dieser Pfeffer wird in China auch »Blumenpfeffer« genannt, weil seine Körner wie sich öffnende Blumenknospen aussehen. Sie sind rötlich-braun und riechen stark und durchdringend. Ihr Duft erinnert an Lavendel, ist jedoch scharf und leicht würzig.

Spinat

Junger Spinat kann roh als Salatzutat verwendet werden. Häufiger werden die Blätter gekocht als Gemüse und zu Wok-Gerichten verwendet.

Wan Tan

Die hauchdünnen Wan-Tan-Blätter werden aus Weizenmehl, Ei und Wasser hergestellt.
In Läden für asiatische Lebensmittel kann man sie auch tiefgefroren oder Vakuum verpackt kaufen. In der chinesischen Küche isst man sie entweder frittiert mit einem pikanten Dipp (mit Peperoncino, Wasabi oder Curry), gedämpft mit einer leckeren Füllung oder in Wasser gegart.

Zitronengras

Die schilfartige Pflanze überzeugt mit ihrem zitronenartigen Duft und Geschmack und zugleich milder Schärfe. Frisches Zitronengras kauft man in Form von Halmen, die bis zu 60 cm lang sein können. Man verwendet eigentlich nur den unteren zarten Teil.

Saucen und Pasten

In der chinesischen und asiatischen Küche werden eine Reihe von dicken, schmackhaften Saucen und Pasten verwendet. Sie sind unabdingbar für den authentischen Wok-Geschmack.

Sojasauce

Sie ist die Universalwürze der asiatischen Küche und aus der Wok-Küche nicht wegzudenken. Sie besteht aus Sojabohnen, Mehl und Wasser. Diese Mischung wird auf natürliche Weise fermentiert, einige Monate gelagert und schließlich destilliert.
Es gibt dunkle (etwas dicker, kräftiger und weniger salzig) und helle Sojasauce (sehr aromatisch und salziger als die dunkle). Beliebt sind die dunklen, salzigen Sorten

Mit chinesischen Stäbchen essen

1. Klemmen Sie das erste Stäbchen in die Handfalte zwischen Daumen und Zeigefinger. Das Stäbchen liegt mit dem Mittelteil auf dem Mittelfinger auf.
2. Halten Sie das zweite Stäbchen wie einen Stift mit Daumen und Zeigefinger.

3. Das zweite Stäbchen wird zum ersten Stäbchen hin- bzw. wegbewegt.

aus China und Japan. Die helle Sorte wird für Fisch- und Gemüsegerichte verwendet, da sie die Speisen nicht verfärbt.

Sambal Ketjap

Ähnlich wie das beliebte Sambal Oelek ist Sambal Ketjap eine indonesische Würzsauce aus Peperoncino (Chilischoten). Den charakteristischen Geschmack bekommt sie durch fermentierte Sojabohnen.

Tofu

Tofu spielt seit über tausend Jahren eine entscheidende Rolle in der chinesischen bzw. Wok-Küche, denn er ist sehr nahrhaft und reich an Eiweiß. Tofu hat eine unverwechselbare Konsistenz, aber wenig

NICHT ROH VERZEHREN

Sojabohnensprossen sollten nicht roh verzehrt werden, denn sie können Keime enthalten. Frische Sprossen sollten vor dem Verzehr mit heißem Wasser übergossen werden.

[1] Reisessig [2] Sweet Chili [3] Chiliöl [4] Japanischer Reiswein [5] Glasnudeln [6] Misopaste [7] Schwarzer Knoblauch [8] Sesamöl [9] Frühlingsröllchen [10] Sojasauce [11] Wasabi [12] Kokosmilch [13] Reisnudeln

Truthahn-Wok Schritt für Schritt

Truthahnfleisch in gleich große Streifen schneiden (schnetzeln).

Fleischstreifen in eine Schüssel geben und mit Sojasauce ein paar Minuten marinieren.

Mit Salz, Pfeffer und einem Esslöffel Sesamöl abschmecken und alles gut vermischen.

Das Gemüse gründlich waschen und putzen, Zwiebel und Ingwer putzen.

Gemüse, Zwiebel und Ingwer in kleine Scheiben, Stäbchen, Würfel oder Rauten schneiden.

Wok mit etwas Öl einstreichen und erhitzen. Fleisch zugeben und unter regelmäßigem Rühren scharf anbraten.

Fleisch in eine Schüssel geben und mit Alufolie abdecken, damit es warm bleibt.

Sesam bei trockener Hitze (ohne Fett) hellbraun rösten.

Gemüse scharf anbraten. Man beginnt immer mit dem Gemüse, das die längste Garzeit hat.

Das leicht gegarte Gemüse mehrmals schwenken.

Fleisch dazugeben, gut vermischen und nach Geschmack mit Saucen und Gewürzen abschmecken.

Fleisch und Gemüse auf Tellern anrichten und servieren.

Eigengeschmack. Er wird aus gelben Sojabohnen gewonnen, die eingeweicht, gemahlen, mit Wasser vermischt und dann kurz gekocht werden. Das Wälzen der Tofuwürfel in Reismehl sorgt für eine dünne knusprige Kruste. Ersatzweise können Sie für Reismehl auch Speisestärke oder helles Weizenmehl verwenden.

Was trinken wir zu Wokgerichten?

Die Wok-Küche ist eine leichte, bekömmliche Küche. Die zu reichenden Weine sollten im Allgemeinen nicht zu üppig und schwer ausfallen. Zu den verschiedenen Gemüse-, Pilz- und Fischgerichten passen frisch-fruchtige, nicht zu kräftige Weißweine aus Südtirol. Es kann ein **Kerner, Müller Thurgau, Silvaner, Riesling** oder **Weißburgunder** sein. Sehr gut passen auch florale Weißweine aus dem Friaul, z. B. ein **Ribolla Gialla** oder **Friulano** oder trockene, filigrane **Rieslinge** aus dem Rheingau. Sie können aber auch Roséweine wie **Lagrein Kretzer** oder **Bardolino-Chiaretto** zu einem Wok-Gericht servieren. Doch es muss nicht immer Wein sein. Ein **Pils** oder ein **Dortmunder-Bier** passen ebenfalls.
Bei etwas kräftiger gewürzten Geflügelgerichten, bei Kaninchen und bei Meeresfrüchten empfiehlt sich ein **Gewürztraminer** aus Südtirol oder dem Elsass bzw. ein **Chardonnay** mit etwas Barriqueausbau. Ein helles **Doppelbockbier** schmeckt auch sehr gut dazu.
Kommen Salsiccia oder Schweinefleisch in den Wok, so passt ein **St. Magdalener** ganz gewiss; man kann aber auch zu einem leichteren **Blauburgunder** aus Südtiroler Landen oder zu einem **Einstiegs-Burgunder** aus Burgund greifen. Aus Belgien lacht uns ein **Oud Bruin** an – auch bekannt als **Flanders Brown Bier.**
Zu kräftigeren Fleisch- und Wildgerichten sind reife, kräftigere **Blauburgunder** die erste Wahl. Diese finden wir in Südtirol, am Kaiserstuhl und natürlich auch in Burgund (wenn man etwas tiefer in die Geldbörse greifen möchte). Abgerundete **Merlots** sind eine gute Alternative. Als Biere sind **Stout** oder verschiedene **Pale Ales** zu diesen Gerichten ein Genuss.
In diesem Sinne – ein kräftiges Prosit!

Wokgemüse mit Radieschensprossen

FÜR 4 PERSONEN

Zutaten

300 g	Kartoffeln mit Schale
80 g	Karotten
80 g	Zucchini
80 g	Kohlrabi
50 g	Zwiebeln
2 EL	Olivenöl zum Braten
	Salz
	Pfeffer aus der Mühle
2 EL	Butter
1 EL	Koriander, fein geschnitten

Weiteres

60 g	Radieschen, in Scheiben geschnitten
2 EL	Radieschensprossen
1	kleine Schalotte, in Ringe geschnitten

Kartoffeln: etwa 45 Minuten
Wokgemüse: etwa 3 Minuten

Zubereitung

- Kartoffeln waschen, in Salzwasser kochen oder dämpfen und auskühlen lassen. Schälen und in nicht zu dünne Scheiben schneiden.
- Karotten, Zucchini und Kohlrabi ebenfalls waschen, schälen und in Scheiben schneiden.
- Zwiebel schälen und in kleine Würfel schneiden.
- Olivenöl im Wok erhitzen, Kartoffeln leicht anrösten, Zwiebelwürfel zugeben, mit Salz und Pfeffer würzen, hellbraun braten und bereitstellen.
- Anschließend das Gemüse im Wok braten, die gerösteten Kartoffeln hinzufügen, kurz durchschwenken, mit Butter und Koriander abschmecken.

Fertigstellung

- Das Gemüse auf Tellern anrichten, mit Radieschenscheiben, Radieschensprossen und Schalottenringen garniert servieren.

TIPPS

1. *Sie können das Gemüse je nach Jahreszeit variieren.*
2. *Das Wokgemüse können Sie mit Kräuterbutter verfeinern.*
3. *Servieren Sie Rohschinken dazu.*

Gebratener Tofu mit Kohlrabi, Bitterbroccoli und Karotten

FÜR 4 PERSONEN

Zutaten

300 g	Tofu
30 g	Buchweizenkörner
150 g	Kohlrabi
100 g	Gartenkarotten oder Karotten
150 g	Bitterbroccoli oder Broccoli
4 EL	Sesamöl zum Braten
100 ml	Gemüsebrühe oder Wasser
	Salz

Weiteres

1 Msp.	Peperoncinopulver
1 EL	Korianderblättchen
8	kleine Basilikumblätter
1 EL	Basilikumöl (50 g Petersilie mit 30 g Basilikum und 100 ml Olivenöl auf 80 Grad erwärmen, mixen, abkühlen und fein passieren)

Buchweizenkörner: etwa 5 Minuten

Bitterbroccoli: etwa 3 Minuten

Tofu und Gemüse: etwa 15 Minuten

Zubereitung

- Tofu in 2 cm große Würfel schneiden.
- Buchweizenkörner im heißen Wok ohne Öl rösten und bereitstellen.
- Kohlrabi schälen und in Stäbchen schneiden.
- Gartenkarotten schälen und längs halbieren.
- Bitterbroccoli putzen und in Salzwasser bissfest garen.
- Sesamöl im Wok erhitzen, Tofuwürfel dazugeben, kurz rundum anbraten, aus dem Wok nehmen und bereitstellen.
- Kohlrabi, Gartenkarotten und Bitterbroccoli in den heißen Wok geben und unter ständigem Rühren braten. Mit etwas Gemüsebrühe ablöschen und weich schmoren.
- Den gebratenen Tofu wieder dazugeben und salzen. Mit der restlichen Gemüsebrühe aufgießen und kurz aufkochen lassen.

Fertigstellung

- Mit Peperoncinopulver, Koriander und Basilikumblättern würzen und kurz durchschwenken.
- Auf Tellern anrichten und mit gerösteten Buchweizenkörnern und Basilikumöl garniert servieren.

TIPPS

1. *Statt Tofu können Sie Camembert oder Brie verwenden.*
2. *Sie können auch Steinpilze oder Champignons dazugeben.*
3. *Ersetzen Sie das Basilikum durch Petersilie.*
4. *Anstelle der Buchweizenkörner verwenden Sie gepuffte Quinoa.*

Mediterranes Gemüse mit geräuchertem Scamorza

Für 4 Personen

Zutaten

100 g	Melanzane (Auberginen)
200 g	Zucchini
200 g	Datteltomaten
300 g	geräucherter Scamorza
30 ml	Olivenöl zum Braten
2	Knoblauchzehen, fein gehackt
1 EL	Basilikum, grob geschnitten
	Salz
	Pfeffer aus der Mühle

Weiteres

4	Basilikumherzen zum Garnieren

etwa 4 Minuten

Zubereitung

- Melanzane und Zucchini putzen, waschen, längs halbieren und in dicke Scheiben schneiden.
- Datteltomaten waschen, kreuzweise einschneiden, mit heißem Wasser überbrühen, schälen und halbieren.
- Scamorza in 2 cm große Stücke schneiden.
- Olivenöl im Wok erhitzen, Knoblauch zusammen mit Melanzane und Zucchini braten.
- Datteltomaten und Scamorza zu den gebratenen Melanzane- und Zucchinischeiben geben, mit Basilikum, Salz und Pfeffer würzen.

Fertigstellung

- Auf Tellern anrichten, mit Basilikum garnieren und sofort servieren.

TIPPS

1. *Anstelle von Scamorza verwenden Sie Tofu, Mozzarella oder Almkäse.*
2. *Auch Peperoni, Chicorée, Radicchio oder Fenchel eignen sich für dieses Gericht.*
3. *Statt Basilikum können Sie Estragon oder Petersilie verwenden.*
4. *Sie können auch Rohschinken oder Bresaola dazu servieren.*

Spitzkohl mit Erbsen und Shiitakepilzen

Für 4 Personen

Zutaten

400 g	Spitzkohl oder Grünkohl
½	Zwiebel
40 ml	Olivenöl zum Dünsten
120 g	Shiitakepilze, in Stücke geschnitten
20 g	Erbsensprossen
100 g	gekochte Erbsen
1	frischer Peperoncino, in Ringe geschnitten
1	Knoblauchzehe
1 Msp.	Ingwer, gerieben
60 g	Macadamianüsse oder Mandeln
100 ml	Gemüsebrühe oder Wasser
	Salz
	Pfeffer aus der Mühle

Weiteres

40 g	Macadamianüsse, fein gerieben
2 EL	Erbsensprossen zum Garnieren

etwa 15 Minuten

Zubereitung

- Vom Spitzkohl die äußeren, holzigen Blätter entfernen, einzelne Blätter ablösen, den Mittelstrunk herausschneiden und die Blätter von den Blattstielen trennen und waschen.
- Die Blätter in 2 cm große Blättchen schneiden und die Blattstiele in Scheiben schneiden.
- Zwiebel schälen, in feine Würfel schneiden und in Olivenöl dünsten. Spitzkohl (Blättchen und Stiele) und Shiitakepilze dazugeben und mitbraten.
- Erbsensprossen und Erbsen dazugeben und kurz mitbraten.
- Peperoncino, Knoblauch, Ingwer und Macadamianüsse dazugeben, mit Gemüsebrühe aufgießen, kurz aufkochen lassen, salzen und pfeffern.

Fertigstellung

- Auf Tellern anrichten, mit geriebenen Macadamianüssen und Erbsensprossenspitzen garnieren und servieren.

TIPPS

1. *Servieren Sie Camembert oder Brie zu diesem Gericht.*
2. *Anstelle der Shiitakepilze können Sie auch Steinpilze oder Pfifferlinge verwenden.*
3. *Sie können das Gericht auch mit geriebenem Bergkäse überbacken.*
4. *Ersetzen Sie den Spitzkohl durch Spinat.*

Avocado mit Mango und Fenchel

FÜR 4 PERSONEN

Zutaten

2	reife Avocados
1	reife Mango

Ingwer-Senf-Dressing

40 ml	Olivenöl
2 EL	Zitronensaft
3 EL	Orangensaft
1 Msp.	Ingwer, fein gerieben
1 EL	körniger Dijonsenf
	Salz
	Pfeffer aus der Mühle

Weiteres

2 EL	Sesamöl zum Braten
100 g	Fenchel, in feine Streifen gehobelt
4	Radieschen, in feine Scheiben geschnitten
1 EL	Dill

Wok: etwa 3 Minuten

Zubereitung

- Avocados schälen, halbieren, entkernen und in Spalten schneiden.
- Mango schälen, Fruchtfleisch vom Stein schneiden und in 1½ cm große Würfel schneiden.

Ingwer-Senf-Dressing

- Olivenöl, Zitronensaft, Orangensaft, Ingwer, Dijonsenf, Salz und Pfeffer zu einem Dressing verrühren.

Fertigstellung

- Sesamöl im Wok erhitzen, Avocadospalten darin anbraten.
- Avocadospalten, Mangowürfel und Fenchelstreifen auf Tellern anrichten und mit Radieschenscheiben und Dill garnieren. Mit dem Ingwer-Senf-Dressing marinieren und servieren.

TIPPS

1. *Zu Avocado mit Mango und Fenchel passt Frischkäsemousse oder Ziegenfrischkäse.*
2. *Als geschmackliche Ergänzung können Sie Walnüsse untermischen.*
3. *Anstatt Mango verwenden Sie Papaya, Ananas oder Litschi.*
4. *Anstelle des Fenchels verwenden Sie Chicorée oder Radicchio.*

Rohnen mit Cipollotti und Feta

FÜR 4 PERSONEN

Zutaten

4	kleine Rohnen (Rote Bete)
1 TL	Kümmel
1 EL	Butter
30 ml	Olivenöl zum Braten
1	Knoblauchzehe, fein gehackt
1	Schalotte, in feine Würfel geschnitten
12	Cipollotti (Lauchzwiebeln), in Stücke geschnitten
200 g	Enokipilze oder Champignons, geputzt
100 ml	Gemüsebrühe oder Wasser
	Salz
	Pfeffer aus der Mühle

Weiteres

300 g	Feta (griechischer Schafskäse)
60 g	Walnüsse
2 EL	Petersilie, fein geschnitten
2 EL	Olivenöl zum Beträufeln
1 EL	Rohnensprossen zum Garnieren

Rohnen:
etwa 140 Grad
etwa $1\frac{1}{2}$–2 Stunden
Wok: etwa 5 Minuten

Zubereitung

- Rohnen gut waschen, jede Rohne auf ein Stück Alufolie legen, mit etwas Salz, Kümmel und Butter würzen, gut einwickeln und im Backofen garen.
- Rohnen aus der Folie nehmen, schälen und in Spalten schneiden.
- Olivenöl im Wok erhitzen, Knoblauch, Schalotten, Cipollotti und Enokipilze sehr schnell darin anbraten.
- Mit Gemüsebrühe aufgießen, kurz aufkochen lassen und mit Salz und Pfeffer würzen.

Fertigstellung

- Rohnenspalten, Feta, Walnüsse und Petersilie dazugeben und kurz durchschwenken.
- Auf Tellern anrichten. Mit Rohnensprossen garnieren und servieren.

TIPPS

1. *Machen Sie mit einem Holzspieß die Garprobe bei den Rohnen: Wenn sich der Spieß leicht herausziehen lässt, sind die Rohnen gar.*
2. *Sie können auch gelbe oder weiße Rohnen verwenden.*
3. *Anstelle der Rohnen können Sie auch Kartoffeln verwenden.*
4. *Sie können den Feta auch durch Mozzarella ersetzen.*

Quinoa mit Gemüse und Sprossen

Für 4 Personen

Zutaten

100 g	Quinoa
50 g	Zwiebeln
100 g	Peperoni
2	Artischocken
2 EL	Olivenöl zum Braten
50 g	Sojasprossen
50 g	Erbsensprossen
30 g	Meeresspargel oder grüner Spargel
120 ml	Gemüsebrühe oder Wasser
1 TL	Limetten- oder Zitronenschale, gerieben
	Salz
	Pfeffer aus der Mühle
1 EL	Limettensaft

Weiteres

2 EL	Sprossen (Rohnen-, Alfa- und Lauchsprossen) zum Garnieren
2 EL	gepuffte Quinoa oder Popcorn

Quinoa: etwa 15 Minuten

Wok: etwa 5 Minuten

Zubereitung

- Quinoa in Salzwasser kochen, abseihen und bereitstellen.
- Zwiebeln schälen und fein schneiden.
- Peperoni putzen, schälen und in 1 cm große Würfel schneiden.
- Artischocken putzen, die äußeren Blätter entfernen und vierteln.
- Olivenöl im Wok erhitzen, Peperoni und Artischocken darin langsam braten lassen. Zwiebelwürfel, Soja- und Erbsensprossen sowie Meeresspargel dazugeben und mitbraten.
- Das Gemüse mit Gemüsebrühe aufgießen, kurz aufkochen lassen und mit Limettenschale, Salz und Pfeffer würzen.
- Quinoa dazugeben und mit etwas Limettensaft abschmecken.

Fertigstellung

- Auf Tellern anrichten, mit Sprossen garnieren und mit gepuffter Quinoa garniert servieren.

TIPPS

1. *Statt Sprossen können Sie Kresse oder Vogelesalat (Feldsalat) verwenden.*
2. *Sie können auch Burrata oder Mozzarella dazu servieren.*
3. *Anstelle von Quinoa nehmen Sie Couscous.*
4. *Gepuffte Quinoa finden Sie im Reformhaus oder Bioladen.*

Gebratene Serviettenknödel und Pfifferlinge

Für 4 Personen

Serviettenknödel

200 g	schnittfestes Weißbrot oder Knödelbrot
50 g	Zwiebeln
100 g	Butter
150 ml	Milch
3	Eier
2 EL	Mehl
2 EL	Petersilie, fein geschnitten
	Salz
	Pfeffer aus der Mühle

Pfifferlinge

200 g	Pfifferlinge
20 g	Schalotten oder Zwiebeln, fein geschnitten
½	Knoblauchzehe, fein gehackt
1 EL	Butter
1 EL	Petersilie, fein geschnitten
	Salz
	Pfeffer aus der Mühle

Weiteres

2 EL	Olivenöl zum Braten
2 EL	Lauchzwiebelringe
2 EL	rote und grüne Kresse
4	kleine Lorbeerblätter zum Garnieren

Serviettenknödel: etwa 20 Minuten

Pfifferlinge: etwa 6 Minuten

Serviettenknödel

- Weißbrot in kleine Würfel schneiden.
- Zwiebel schälen, in feine Würfel schneiden und in Butter hellbraun rösten.
- Brot, Zwiebelwürfel, Milch und Eier zusammen mit Mehl, Petersilie, Salz und Pfeffer vermischen und den Teig etwa 10 Minuten ruhen lassen.
- Den Knödelteig auf eine Klarsichtfolie geben und zu einer Rolle (etwa 4 cm Ø) formen. Die Rolle mit Küchengarn zusammenbinden und in Salzwasser kochen lassen.

Pfifferlinge

- Pfifferlinge putzen, eventuell kurz waschen und gut abtropfen lassen. Je nach Größe halbieren, vierteln oder in Scheiben schneiden.
- Schalotten und Knoblauch im Wok in Butter dünsten, Pfifferlinge dazugeben, mit Salz, Pfeffer und Petersilie würzen, fertig garen und bereitstellen.

Fertigstellung

- Serviettenknödel aus dem Wasser nehmen, auspacken, in Scheiben schneiden und im Wok in Olivenöl braten, die Pfifferlinge dazugeben und vermischen.
- Auf Tellern anrichten, mit Lauchzwiebelringen, Kresse und Lorbeer garnieren und servieren.

TIPPS

1. *Anstelle der Pfifferlinge können Sie auch Champignons oder Shiitakepilze verwenden.*
2. *Statt Knödel können Sie auch gebratenen Tofu verwenden.*

Rühreier mit Zucchiniblüten und Austernpilzen

FÜR 4 PERSONEN

Gemüse

- 40 ml Olivenöl zum Dünsten
- 1 Knoblauchzehe, fein gehackt
- 1 Peperoncino, fein geschnitten
- 120 g Zucchini, in Scheiben geschnitten
- 4 Zucchiniblüten, in Stücke geschnitten
- 120 g Austernpilze, ganz oder halbiert, je nach Größe der Pilze
- 12 Datteltomaten, geschält
- 120 ml Gemüsebrühe oder Wasser
- Salz

Rühreier

- 6 Eier
- 50 ml Sahne
- Salz
- 3 EL Olivenöl zum Braten

Weiteres

- 20 g Shiso-Kresse zum Garnieren

Gemüse: etwa 4 Minuten

Rührei: etwa 4 Minuten

Gemüse

- Olivenöl im Wok erhitzen, Knoblauch darin dünsten.
- Peperoncino, Zucchini, Zucchiniblüten, Austernpilze und Datteltomaten dazugeben und rasch mitbraten.
- Mit etwas Gemüsebrühe nach und nach aufgießen und mit Salz würzen.
- Das Gemüse bereitstellen.

Rühreier

- Eier in einer Schüssel mit Sahne und Salz gut verrühren.
- Etwas Olivenöl im Wok erhitzen und die Eiermischung unter ständigem Rühren stocken lassen.

Fertigstellung

- Das Gemüse auf Teller geben, Rührei in der Mitte darauf anrichten, mit Shiso-Kresse garnieren und servieren.

TIPPS

1. *Anstelle der Austernpilze können Sie Buchen- oder Steinpilze verwenden.*
2. *Servieren Sie Blattsalate der Saison dazu.*
3. *Servieren Sie dazu Ziegenfrischkäse.*

Gebratener Eier-Reis mit Miesmuscheln

FÜR 4 PERSONEN

Miesmuscheln

- ½ Knoblauchzehe, fein gehackt
- ½ Peperoncino, fein geschnitten
- 20 ml Olivenöl zum Dünsten
- 400 g Miesmuscheln, gebürstet und gewaschen
- 50 ml Weißwein
- 200 g Tomaten, geschält und in Würfel geschnitten
- 2 EL Petersilie, fein geschnitten
- Salz

Eier-Reis

- 6 Eier
- 2 EL Sahne
- Salz
- 2 EL Olivenöl zum Braten
- 160 g gedünsteter Langkornreis (siehe Seite 70)

Weiteres

- 1 EL Petersilienblätter zum Garnieren

Miesmuscheln: etwa 5 Minuten

Eier-Reis: etwa 4 Minuten

Miesmuscheln

- Im Wok Knoblauch und Peperoncino in Olivenöl dünsten.
- Miesmuscheln dazugeben, mit Weißwein aufgießen, mit geschlossenem Deckel so lange garen, bis die Muscheln offen sind.
- Tomatenwürfel und Petersilie dazugeben, eventuell salzen und bereitstellen.

Eier-Reis

- Eier in einer Schüssel mit Sahne und Salz gut verrühren.
- Im Wok etwas Olivenöl erhitzen, gedünsteten Reis dazugeben und kurz anbraten. Eiermischung dazugeben und rasch unter ständigem Rühren stocken lassen.

Fertigstellung

- Den gebratenen Eier-Reis auf Tellern anrichten, Miesmuscheln mit Muschelsauce und Tomaten darauf anrichten. Mit Petersilienblättern garniert servieren.

TIPPS

1. *Servieren Sie zum Eier-Reis Blattsalate der Saison.*
2. *Anstelle der Miesmuscheln können Sie auch Venus-, Jakobs- oder Herzmuscheln verwenden.*
3. *Sie können den gerösteten Reis auch getrennt zum Rührei servieren.*

Rühreier mit Pak Choi und Thunfisch

FÜR 4 PERSONEN

Zutaten

250 g	Pak Choi (chinesischer Senfkohl)
200 g	frischer Thunfisch
6	Eier
1 EL	Petersilie, fein geschnitten
	Salz
	Pfeffer aus der Mühle
	Salz
4 EL	Sesamöl zum Braten
½	Knoblauchzehe, fein gehackt
80 ml	Gemüsebrühe oder Wasser

Weiteres

1 EL	schwarzer Sesam
1	frischer Peperoncino (Chilischote), in Ringe geschnitten

Rühreier: etwa 3 Minuten

Thunfisch: etwa 3 Minuten

Pak Choi: etwa 5 Minuten

Zubereitung

- Pak Choi putzen, waschen und in Stücke schneiden. Thunfisch in Würfel schneiden.
- Eier in einer Schüssel mit Petersilie, etwas Salz und Pfeffer würzen und gut verrühren.
- Thunfisch im Wok in 2 Esslöffeln Sesamöl kurz anbraten, salzen aus dem Wok nehmen und bereitstellen.
- Im Wok den Knoblauch in 1 Esslöffel Sesamöl dünsten, Pak Choi dazugeben und unter ständigem Rühren braten.
- Thunfisch dazugeben, mit etwas Gemüsebrühe aufgießen und kurz aufkochen lassen; bereitstellen.
- Restliches Sesamöl in den Wok geben, Eier-Petersilien-Mischung dazugeben und unter ständigem Rühren stocken lassen.

Fertigstellung

- Das Rührei auf Tellern anrichten, Thunfisch und Pak Choi mittig darauf platzieren, mit Sesam und Peperoncinoringen garnieren und servieren.

TIPPS

1. *Servieren Sie zu diesem Gericht Reis.*
2. *Statt Thunfisch können Sie Schwertfisch, Drachenkopf- oder Knurrhahnfilet verwenden.*
3. *Sie können statt Pak Choi auch Mangold verwenden.*
4. *Anstelle des Sesamöls verwenden Sie Leinsamen- oder Olivenöl.*

Wokgemüse mit Wachtelei

Für 4 Personen

Zutaten

50 g	Knollensellerie
50 g	Karotten
50 g	gelbe Rüben
50 g	Fenchel
50 g	grüner Spargel
50 g	Zwiebeln
2 EL	Sesamöl zum Dünsten
150 ml	Gemüsebrühe oder Wasser
1 TL	Ingwer, fein gerieben
1	frischer Peperoncino (Chilischote), fein geschnitten
	Salz
150 g	Tomaten, geschält und in Streifen geschnitten

Weiteres

8	weich gekochte Wachteleier, geschält und halbiert
1 EL	Schnittlauch, fein geschnitten
4	kleine Lorbeerblätter

Wachteleier: etwa 3 Minuten

Gemüse: etwa 6 Minuten

Zubereitung

- Knollensellerie, Karotten, gelbe Rüben und Fenchel putzen, schälen, waschen und in Streifen schneiden.
- Spargeln schälen, die Spitzen halbieren und die Stiele in Scheiben schneiden.
- Zwiebel schälen, in feine Würfel schneiden und in Sesamöl dünsten.
- Das Gemüse dazugeben und mitbraten.
- Mit Gemüsebrühe aufgießen, kurz aufkochen lassen, mit Ingwer, Peperoncino und Salz würzen.
- Tomatenstreifen dazugeben und kurz unterrühren.

Fertigstellung

- Das Gemüse auf Tellern anrichten und mit Wachteleiern, Schnittlauch und Lorbeerblättern garniert servieren.

TIPPS

1. *Sie können auch Reis (weißen, roten oder schwarzen Venerereis), Reis- oder Sojanudeln dazu servieren.*
2. *Anstelle der Wachteleier können Sie auch Hühnereier verwenden.*
3. *Zum Gemüse können Sie auch Champignons, Austern- oder Shiitakepilze dazugeben.*

Perlhuhn mit Chinakohl

Für 4 Personen

Zutaten

400 g	Chinakohl
150 g	Karotten
1	Knoblauchzehe
2 EL	Sonnenblumenöl zum Braten
300 g	Perlhuhnbrust, in Stücke geschnitten
	Salz
	Pfeffer aus der Mühle
200 ml	Gemüsebrühe oder Wasser
1 EL	Kurkuma oder Curry
1 EL	Zitronensaft

Weiteres

1 EL	Pimpinelleblätter
4	Pimpinelleblüten zum Garnieren

Perlhuhn:
etwa 5 Minuten

Gemüse:
etwa 5 Minuten

Zubereitung

- Chinakohl putzen, waschen und in Blättchen schneiden.
- Karotten schälen, waschen und in Scheiben schneiden.
- Knoblauch schälen und fein hacken.
- 1 Esslöffel Sonnenblumenöl im Wok erhitzen, Perlhuhnbrust darin kurz anbraten, mit Salz und Pfeffer würzen, aus dem Wok nehmen und bereitstellen.
- 1 Esslöffel Sonnenblumenöl im Wok erhitzen, Chinakohl, Karotten und Knoblauch dazugeben, salzen, pfeffern und etwas rösten.
- Mit Gemüsebrühe aufgießen, mit Kurkuma und Zitronensaft würzen und kurz aufkochen lassen.

Fertigstellung

- Das Fleisch zum Gemüse geben und alles gut vermischen.
- Auf Tellern anrichten und mit Pimpinelleblättern und -blüten garniert servieren.

TIPPS

1. *Sie können den Chinakohl durch Pak Choi ersetzen.*
2. *Anstelle der Perlhuhnbrust können Sie Truthahn, Hühnerbrust oder Schweinsfilet verwenden.*
3. *Ersetzen Sie den Chinakohl durch Radicchio.*
4. *Sie können gedünsteten Reis zum Perlhuhn servieren.*

Ente mit Cipollotti und Pak Choi

Für 4 Personen

Zutaten

400 g	Pak Choi (chinesischer Senfkohl)
150 g	Cipollotti (Lauchzwiebeln)
300 g	Entenbrust
2 EL	Sesamöl zum Braten
	Salz
	Pfeffer aus der Mühle
200 ml	Gemüsebrühe oder Wasser
2 EL	Limettensaft
1 TL	Limettenschale
1	frischer Peperoncino (Chilischote), fein geschnitten

Weiteres

200 g	gekochte Reisnudeln
1 EL	schwarzer Sesam

Entenbrust:
etwa 5 Minuten

Gemüse:
etwa 5 Minuten

Zubereitung

- Pak Choi putzen, waschen, in Blättchen schneiden.
- Cipollotti putzen, waschen und in Stücke schneiden.
- Entenbrust in mundgerechte Stücke schneiden.
- Sesamöl im Wok erhitzen, Entenbruststücke darin kurz anbraten, aus der Pfanne nehmen und bereitstellen.
- Pak Choi und Cipollotti in den heißen Wok geben, salzen und pfeffern, etwas braten.
- Mit Gemüsebrühe aufgießen, kurz aufkochen lassen, mit Limettensaft, Limettenschale und Peperoncino würzen.

Fertigstellung

- Reisnudeln und Entenbrust dazugeben, salzen, mit schwarzem Sesam bestreuen und kurz durchschwenken.
- Auf Tellern anrichten und servieren.

TIPPS

1. *Sie können den Pak Choi durch Chinakohl oder Mangold ersetzen.*
2. *Statt Entenbrust können Sie Truthahn, Hühnerbrust oder Schweinsfilet verwenden.*
3. *Anstelle der Reisnudeln können Sie feine Eierbandnudeln oder gedünsteten Reis nehmen.*
4. *Servieren Sie Blattsalate dazu.*

Hühnerkeule mit Mais und Sojasprossen

Für 4 Personen

Zutaten

400 g	Hühnerkeulen
	Salz
4 EL	Olivenöl zum Braten
70 g	rote Zwiebeln, in Streifen geschnitten
200 g	gekochte Maiskörner
200 g	grüne Bohnen, gekocht
80 g	Sojasprossen
2 EL	Sojasoße
50 ml	süß-scharfe Chilisauce (siehe Seite 82)

Weiteres

10 g	Radieschensprossen
½	frischer Peperoncino (Chilischote), in Ringe geschnitten
1 EL	Korianderblätter

etwa 15 Minuten

Zubereitung

- Hühnerkeulen von den Sehnen befreien, ausbeinen und das Fleisch in Würfel schneiden. Salzen und in Olivenöl zusammen mit roten Zwiebeln im Wok braten.
- Mais und Bohnen sowie Sojasprossen dazugeben und mitdünsten.
- Sojasoße und Chilisauce zugeben und salzen.

Fertigstellung

- Auf Tellern anrichten und mit Radieschensprossen, Peperoncinoringen und Koriander garniert servieren.

VARIATION

Tofu mit Mais und Sojasprossen: Ersetzen Sie die Hühnerkeule durch Tofu.

TIPPS

1. *Sie können auch Melanzane und rote Peperoni verwenden.*
2. *Als Beilage eignet sich Duft- oder Venere-Reis.*
3. *Anstelle der Sojasprossen können Sie Zwiebelsprossen verwenden.*
4. *Statt der Hühnerkeule nehmen Sie Truthahn- oder Entenbrust.*

Gebackene Hühnerbrust auf Currygemüse und Steinpilzen

FÜR 4 PERSONEN

Zutaten

320 g	Hühnerbrust
20 ml	Olivenöl zum Dünsten
400 g	Gemüse (Karotten, Knollensellerie, Fenchel, Lauch), in Streifen geschnitten
	Salz
	Pfeffer aus der Mühle
150 ml	Gemüsebrühe oder Wasser
50 g	Butter
1 TL	Curry

Zum Panieren

50 g	Mehl
2	Eier
60 g	Cornflakes

Weiteres

	Backfett
100 g	Steinpilze, blättrig geschnitten und gebraten
1 EL	Kerbelblätter zum Garnieren

Gemüse: etwa 4 Minuten

Huhn:
etwa 170 Grad
etwa 4 Minuten

Zubereitung

- Hühnerbrust in 40 g schwere Streifen schneiden.
- Olivenöl im Wok erhitzen, Gemüsestreifen darin andünsten, mit Salz und Pfeffer würzen. Mit Gemüsebrühe aufgießen und dünsten.
- Das Gemüse mit Butter und Curry abschmecken.
- Das Fleisch salzen und pfeffern, mit Mehl bestauben, in verquirlten Eiern wenden und mit Cornflakes panieren.
- In heißem Backfett ausbacken.

Fertigstellung

- Das Currygemüse auf Teller geben und Hühnerbruststreifen darauf anrichten. Mit gebratenen Steinpilzen und Kerbel garniert servieren.

TIPPS

1. *Sie können die Hühnerbruststreifen auch nur mit Mehl bestauben und in einer Pfanne kurz anbraten, dann mit dem Gemüse vermischen und servieren.*
2. *Als Beilage passt gedünsteter Reis.*
3. *Statt Steinpilze können Sie Shiitakepilze oder Pioppini (Südlicher Ackerling) verwenden.*

Truthahn mit Glasnudeln und Curry

Für 4 Personen

Zutaten

500 g	Truthahnbrust
50 g	Zwiebeln
30 ml	Sesamöl zum Dünsten
100 ml	Gemüsebrühe oder Wasser
150 ml	ungesüßte Kokosmilch
½	frischer Peperoncino (Chilischote), in feine Streifen geschnitten
1 TL	Curry
1 Spritzer	Zitronensaft
	Salz
	Pfeffer aus der Mühle

Weiteres

150 g	Glasnudeln
2 EL	Sesamöl
20 g	geröstete Mandelblättchen zum Garnieren
	Kerbel zum Garnieren

Zubereitung

- Truthahnbrust in gleichmäßige Streifen schneiden.
- Zwiebeln schälen und in feine Würfel schneiden.
- Sesamöl im Wok erhitzen und Zwiebelwürfel darin anschwitzen.
- Das Fleisch dazugeben und mitbraten.
- Mit Gemüsebrühe und Kokosmilch aufgießen, mit Peperoncino und Curry würzen.
- Kochen lassen, bis die gewünschte Konsistenz erreicht ist. Mit Zitronensaft, Salz und Pfeffer abschmecken.

Fertigstellung

- Glasnudeln in Salzwasser kochen, zum Fleisch in den Wok geben und kurz durchschwenken.
- Auf Tellern anrichten und mit Sesamöl, gerösteten Mandelblättchen und Kerbel garniert servieren.

Truthuhn: etwa 4 Minuten
Glasnudeln: etwa 3 Minuten

TIPPS

1. *Sie können noch gedünstete Karotten, Sellerie oder Zucchini dazugeben.*
2. *Ergänzen Sie das Wok-Gericht mit Champignons, Pfifferlingen oder Shiitakepilzen.*
3. *Verfeinern Sie das Wok-Gericht mit Ananas, Mango, Kirschen usw.*
4. *Anstelle von Glasnudeln nehmen Sie gekochte Band- oder Reisnudeln.*

Gebackenes Schweinsfilet mit Ananas-Chili

FÜR 4 PERSONEN

Ananas-Chili

400 g	Ananas, geschält
2 EL	Zitronensaft
100 g	Gelierzucker
1	Zitronengras, zerquetscht
1	frischer Peperoncino (Chilischote), in feine Streifen geschnitten

Tempurateig

120 g	Tempuramehl
100 ml	kaltes Mineralwasser
1 TL	Dill, fein geschnitten
1 TL	Petersilie, fein geschnitten
	Salz

Weiteres

400 g	Schweinsfilet
	Salz
	Pfeffer aus der Mühle
	Backfett
1	frischer Peperoncino (Chilischote), in feine Streifen geschnitten
30 g	Erbsensprossen zum Garnieren

Ananas-Chili: etwa 10 Minuten

Schweinsfilet: etwa 3 Minuten

Ananas-Chili

- Ananas in kleine Würfel schneiden.
- Ananas, Zitronensaft, Gelierzucker, Zitronengras und Peperoncino in einen Kochtopf geben, kochen lassen und bereitstellen.

Tempurateig

- Tempuramehl, Mineralwasser, Dill, Petersilie und Salz gut verrühren und etwa 10 Minuten ruhen lassen.

Fertigstellung

- Schweinsfilet von Sehnen und der Silberhaut befreien und in Scheiben schneiden.
- Mit Salz und Pfeffer leicht würzen, durch den Tempurateig ziehen und im heißen Fett ausbacken.
- Die gebackenen Schweinsfilets auf Küchenkrepp etwas abtropfen lassen.
- Ananas-Chili auf Teller geben und Fleischstücke darauf anrichten. Mit Peperoncinostreifen und Erbsensprossen garniert servieren.

TIPPS

1. *Sie können das Ananas-Chili auch in Gläser füllen und konservieren.*
2. *Nicht zu viele Fleischstücke auf einmal frittieren, damit das Fett nicht zu schnell abkühlt.*
3. *Anstelle von Schweinsfilet können Sie Hühnerbrust, Lammrückenfilet, Rindsfilet usw. verwenden.*
4. *Sie können die gebackenen Schweinsfilets auch mit Kräutersalaten oder Kartoffelsalat servieren.*

Salsiccia-Wok mit Frühkohl

Für 4 Personen

Zutaten

400 g	Frühkohl (Weißkraut) oder Spitzkohl
150 g	Lauchzwiebeln
1	Knoblauchzehe
4	Salsicce (Schweinswürstchen)
2 EL	Sonnenblumenöl zum Braten
	Salz
	Pfeffer aus der Mühle
1 EL	Apfelessig
100 ml	Gemüsebrühe oder Wasser
1 EL	Fenchelsamen

Weiteres

4 EL	Lauchzwiebelgrün, in Ringe geschnitten

etwa 10 Minuten

Zubereitung

- Frühkohl putzen, waschen und in Blättchen schneiden.
- Lauchzwiebeln putzen, waschen und in Ringe schneiden.
- Knoblauch schälen und fein hacken.
- Salsiccia in etwa 2 cm dicke Stücke schneiden.
- Sonnenblumenöl im Wok erhitzen und Salsiccia darin kurz anbraten. An den Wokrand schieben oder aus der Pfanne nehmen und bereitstellen.
- Frühkohl, Lauchzwiebeln und Knoblauch in die heiße Pfanne geben, salzen und pfeffern, etwas anschwitzen, mit Apfelessig ablöschen und kurz dünsten.
- Salsiccia zum Gemüse geben, etwas Gemüsebrühe angießen, kurz aufkochen lassen und mit Fenchelsamen würzen.

Fertigstellung

- Auf Tellern anrichten und mit Lauchzwiebelgrün garniert servieren.

TIPPS

1. *Sie können die Lauchzwiebeln durch rote Zwiebeln ersetzen.*
2. *Anstelle der Salsiccia können Sie Bauchspeck oder Frankfurter Würstchen verwenden.*
3. *Ersetzen Sie den Frühkohl durch Radicchio oder Chicorée.*
4. *Ergänzen Sie das Gericht auch mit gekochten, in Würfel geschnittenen Kartoffeln.*

Radicchio mit Kartoffeln und Soppressa

FÜR 4 PERSONEN

Zutaten

200 g	Radicchio trevisano
	Salz
	Pfeffer aus der Mühle
4 EL	Olivenöl zum Braten
1	Knoblauchzehe, fein gehackt
20 g	Zwiebeln, fein geschnitten
200 g	mehlige Kartoffeln, grob gerieben
100 g	Soppressa (italienische Salami) in dünne Streifen geschnitten

Weiteres

1 EL	Petersilie, grob geschnitten
4	Soppressa-Scheiben

etwa 10 Minuten

Zubereitung

- Den Wurzelansatz des Radicchios abschneiden, die Radicchioblätter in 3 cm lange Stücke schneiden und 10 Minuten in lauwarmes Wasser legen, damit sie etwas an Bitterstoffen verlieren.
- Radicchio gut abtrocknen, mit Salz und Pfeffer würzen und in 2 Esslöffeln Olivenöl im Wok langsam braten, mit Knoblauch würzen und bereitstellen.
- Zwiebelwürfel im restlichen Olivenöl etwas dünsten.
- Geriebene Kartoffeln zugeben und unter ständigem Wenden braten. Salzen und pfeffern.
- Den gebratenen Radicchio sowie die Soppressa-Streifen zu den Kartoffeln geben und vermischen.

Fertigstellung

- Auf Tellern anrichten, mit Petersilie und Soppressa-Scheiben garnieren und servieren.

TIPPS

1. *Statt Radicchio können Sie Chicorée verwenden.*
2. *Sie können anstelle von Soppressa auch Rohschinken, Coppa oder Bresaola verwenden.*
3. *Ergänzen Sie das Wok-Gericht mit Shiitakepilzen, Champignons oder Pfifferlingen.*
4. *Servieren Sie einen Krautsalat dazu.*

Kaninchenkeule mit mediterranem Gemüse

Für 4 Personen

Zutaten

- 2 Kaninchenkeulen
- 150 g Zucchini
- 150 g gelbe und rote Peperoni, geschält
- 100 g Melanzane (Auberginen), geschält
- 4 EL Sesamöl zum Braten
- 1 Schalotte, fein geschnitten
- 1 Knoblauchzehe, fein gehackt
- Salz
- 100 ml Gemüsebrühe oder Wasser

Weiteres

- 200 g Datteltomaten, geschält und halbiert
- 1 frischer Peperoncino (Chilischote), fein geschnitten
- 1 EL Petersilie, fein geschnitten
- 1 EL Estragon oder Basilikum, fein geschnitten

etwa 15 Minuten

Zubereitung

- Kaninchenkeulen auslösen und in 3 cm große Würfel schneiden.
- Zucchini, Peperoni und Melanzane waschen, putzen und in Rauten schneiden.
- Sesamöl im Wok erhitzen, Schalotten und Knoblauch darin farblos anschwitzen. Das Fleisch dazugeben, salzen und kurz anbraten.
- Das Gemüse zufügen und mitdünsten. Mit Gemüsebrühe aufgießen und fertig garen.

Fertigstellung

- Am Ende der Garzeit Datteltomaten dazugeben und mit Salz, Peperoncino, Petersilie und Estragon würzen und kurz durchschwenken.
- Auf Tellern anrichten und servieren.

TIPPS

1. *Anstelle des Kaninchens können Sie Hühner- oder Entenbrust verwenden.*
2. *Sie können auch Steinpilze oder Champignons dazugeben.*
3. *Statt Estragon verwenden Sie Liebstöckel (Maggikraut).*
4. *Servieren Sie gedünsteten Reis dazu.*

Rindsfiletspitzen mit Champignons und Gurken

FÜR 4 PERSONEN

Zutaten

400 g	Rindsfilet
3 EL	Raps- oder Sesamöl zum Braten
	Pfeffer aus der Mühle
	Salz
100 g	Lauchzwiebeln, in Stücke geschnitten
150 g	Champignons, in Viertel geschnitten
150 g	Salatgurken, geschält und in Streifen geschnitten
½ TL	Paprikapulver
2 EL	Brandy oder Cognac
200 ml	Gemüsebrühe oder Wasser
20 g	eingelegter Ingwer oder rohe Ingwerscheiben
1 EL	Minze, fein geschnitten

Weiteres

4	Malvenblüten zum Garnieren
1 EL	Sesam zum Bestreuen

etwa 7 Minuten

Zubereitung

- Rindsfilet von Sehnen und Silberhaut befreien und in Würfel schneiden.
- Im Wok 2 Esslöffel Rapsöl erhitzen, das Fleisch mit Pfeffer und Salz würzen, kurz und kräftig anbraten und herausnehmen. Die Filetwürfel sollen innen noch rosa sein.
- 1 Esslöffel Rapsöl in den Wok geben, Lauchzwiebeln, Champignons und Salatgurkenstreifen dazugeben und dünsten.
- Mit Paprikapulver bestreuen, mit Brandy ablöschen, mit Gemüsebrühe aufgießen und kurz aufkochen lassen. Salzen und pfeffern.
- Die Filetwürfel wieder zum Gemüse geben und mit Ingwer und Minze würzen.

Fertigstellung

- Auf Tellern anrichten, mit Malvenblüten garnieren, mit Sesam bestreuen und servieren.

TIPPS

1. *Als Beilage eignet sich gedünsteter Reis.*
2. *Kaufen Sie beim Metzger Filetkopf oder Filetspitzen.*
3. *Statt Rindsfilet können Sie Kalbs- oder Hirschfilet verwenden.*
4. *Ersetzen Sie die Salatgurke durch Zucchini oder Kürbis.*

Lamm mit Peperoni und grünen Bohnen

Für 4 Personen

Zutaten

200 g	gelbe Peperoni
400 g	Lammnuss
	Salz
4 EL	Olivenöl zum Braten
1 TL	Thymian
60 ml	Gemüsebrühe oder Wasser
200 g	grüne Bohnen, gekocht
60 g	Cashewnüsse
50 g	Sojasprossen
1	Knoblauchzehe, fein gehackt
	Pfeffer aus der Mühle
50 ml	Chilisauce (siehe Seite 82)
2 EL	Minze, grob geschnitten

Weiteres

20 g	Erbsensprossen zum Garnieren

Lamm: etwa 8 Minuten
Wok: etwa 8 Minuten

Zubereitung

- Peperoni schälen, halbieren, waschen, den Strunk entfernen, in Streifen schneiden und bereitstellen.
- Lammnuss von den Sehnen befreien, in Scheiben schneiden und salzen.
- 3 Esslöffel Olivenöl im Wok erhitzen, Fleisch zusammen mit Thymian rundherum anbraten. Aus dem Wok nehmen und bereitstellen.
- 1 Esslöffel Olivenöl in den Wok geben. Peperoni darin anschwitzen, mit Gemüsebrühe ablöschen und weich dünsten. Gekochte Bohnen und angebratene Lammnuss zufügen.
- Cashewnüsse, Sojasprossen und Knoblauch in den Wok geben, salzen, pfeffern und fertig dünsten.
- Chilisauce und Minze dazugeben und nochmals kurz durchschwenken.

Fertigstellung

- Auf Tellern anrichten und mit Erbsensprossen garniert servieren.

VARIATIONEN

Kaninchen mit Peperoni und grünen Bohnen: Statt Lamm verwenden Sie Kaninchen.
Hühnerbrust mit Peperoni und grünen Bohnen: Ersetzen Sie das Lamm durch Hühnerbrust.

TIPPS

1. *Ersetzen Sie die gelben Peperoni durch rote Peperoni oder Melanzane.*
2. *Als Beilage eignet sich gedünsteter Reis.*
3. *Statt der Sojasprossen nehmen Sie Zwiebelsprossen.*
4. *Sie können das Olivenöl auch durch Sesam- oder Leinsamenöl ersetzen.*

Hirschkalb mit Kartoffeln und Waldpilzen

Für 4 Personen

Zutaten

300 g	festkochende, kleine Kartoffeln (z. B. Kipfler)
4 EL	Olivenöl zum Braten
400 g	Hirschkalb (Nuss oder Rücken), in Stücke geschnitten
4	Bauchspeckscheiben
100 g	kleine Pfifferlinge
100 g	Steinpilze, in Scheiben geschnitten
1 EL	kalte Butter
3	Wacholderbeeren, zerdrückt
1 TL	Majoran, fein geschnitten
1 TL	Petersilie, fein geschnitten
100 ml	Gemüsebrühe oder Wasser
	Salz
	Pfeffer aus der Mühle

Weiteres

4	kleine Lorbeerblätter zum Garnieren

Kartoffeln: 15–20 Minuten
Hirschkalb: etwa 5 Minuten

Zubereitung

- Kartoffeln waschen und in Salzwasser kochen.
- 2 Esslöffel Olivenöl im Wok erhitzen und die Kartoffeln mit Schale darin goldgelb braten, aus der Pfanne nehmen und bereitstellen.
- Das restliche Olivenöl im Wok erhitzen. Hirschkalb, Bauchspeck, Pfifferlinge darin kurz anbraten, salzen und pfeffern.
- Gebratene Kartoffeln, Wacholder, Majoran und Petersilie dazugeben, mit Gemüsebrühe aufgießen und kurz aufkochen lassen.
- Mit Salz und Pfeffer abschmecken und kurz durchschwenken.

Fertigstellung

- Auf Tellern anrichten und mit einem Lorbeerblatt garniert servieren.

TIPPS

1. *Anstelle des Hirschkalbes können Sie Kalbsnuss oder Schweinsfilet verwenden.*
2. *Sie können zu diesem Wok-Gericht auch Kräuter- oder Blaukrautsalat servieren.*

Kalbsleber mit roter Zwiebel und Mango

Für 4 Personen

Zutaten

100 g	rote Zwiebeln
100 g	Erbsenschoten
3 EL	Sesamöl zum Braten
500 g	Kalbsleber
50 ml	Sojasoße
100 ml	Gemüsebrühe oder Wasser
1 Spritzer	Zitronensaft
1 EL	Petersilie, fein geschnitten
	Salz
	Pfeffer aus der Mühle

Weiteres

4	Mangoscheiben

etwa 7 Minuten

Zubereitung

- Zwiebeln schälen und Erbsenschoten waschen. Beides in feine Streifen schneiden.
- 1 Esslöffel Sesamöl im Wok erhitzen, Zwiebel- und Erbsenschotenstreifen darin hellbraun rösten und bereitstellen.
- Kalbsleber in mundgerechte Stücke schneiden.
- 2 Esslöffel Sesamöl im Wok erhitzen, Leber darin unter ständigem Wenden rasch braten.
- Zwiebel- und Erbsenschotenstreifen dazugeben.
- Mit Sojasauce und Gemüsebrühe aufgießen und kurz aufkochen lassen. Mit Zitronensaft, Petersilie, Salz und Pfeffer würzen und kurz durchschwenken.

Fertigstellung

- Auf Tellern anrichten und mit Mangoscheiben garniert servieren.

VARIATIONEN

Rehleber mit roter Zwiebel: Statt der Kalbsleber verwenden Sie Rehleber.
Hirschleber mit roter Zwiebel: Ersetzen Sie die Kalbsleber durch Hirschleber.

TIPPS

1. *Salzen Sie die Leber erst am Ende der Garzeit, sonst wird sie hart und zäh.*
2. *Anstelle der Erbsenschoten können Sie Zucchini, Mangold oder grüne Bohnen verwenden.*
3. *Die Mango können Sie durch Äpfel, Papaya oder Ananas ersetzen.*
4. *Als Beilage eignet sich gedünsteter Reis oder Kartoffelpüree.*

Seezungenfilet mit Spargel, Buchenpilzen und gedünstetem Reis

FÜR 4 PERSONEN

Gedünsteter Reis

- 1/2 Zwiebel
- 1 Lorbeerblatt
- 2 Gewürznelken
- 1 EL Olivenöl
- 200 g Langkornreis (Siam Patna oder Basmati)
- 200 ml kochendes Wasser
- Salz
- 1 EL Butter

Zutaten

- 200 g Seezungenfilet
- 200 g grüner Spargel
- 200 g Buchenpilze
- 3 EL Olivenöl zum Braten
- 30 g Zwiebeln, fein geschnitten
- 150 ml Gemüsebrühe oder Wasser
- 1 Msp. Safranfäden
- 1 EL Petersilie, fein geschnitten
- Pfeffer aus der Mühle
- Salz

Gedünsteter Reis:
etwa 180 Grad
etwa 20 Minuten

Wok: etwa 7 Minuten

Gedünsteter Reis

- Zwiebel schälen und mit Lorbeerblatt und Gewürznelken spicken.
- In einem Topf Olivenöl erhitzen und Langkornreis darin glasig dünsten.
- Kochendes Wasser aufgießen, salzen, etwas umrühren (bis der Reis aufkocht), dann gespickte Zwiebel zum Reis geben und den Reis zugedeckt am Herdrand oder im Backofen dünsten.
- Zwiebel herausnehmen, Butter zufügen und mit einer Fleischgabel locker umrühren.

Zubereitung

- Seezungenfilets halbieren und in etwa 2 cm breite Streifen schneiden.
- Spargel schälen und der Länge nach halbieren.
- Buchenpilze putzen und bereitstellen.
- 2 Esslöffel Olivenöl im Wok erhitzen, die Seezungenstreifen kurz anbraten, aus dem Wok nehmen und bereitstellen.
- Das restliche Olivenöl im Wok erhitzen. Zwiebelwürfel, Spargel und Buchenpilze dazugeben und braten.
- Mit Gemüsebrühe aufgießen und kurz aufkochen lassen. Mit Safranfäden, Petersilie, Pfeffer und Salz würzen. Seezungenfilets dazugeben und kurz durchschwenken.

Fertigstellung

- Auf Tellern anrichten und zusammen mit gedünstetem Langkornreis servieren.

TIPPS

1. *Anstelle der Buchenpilze können Sie Pfifferlinge oder braune Champignons verwenden.*
2. *Sie können die Seezunge durch Knurrhahn, Drachenkopf- oder Seeteufelstreifen ersetzen.*

Seeteufel mit Meeresspargel

FÜR 4 PERSONEN

Zutaten

400 g	Seeteufelfilet
200 g	Melanzane (Auberginen)
300 g	Cocktailtomaten
120 g	Meeresspargel
3 EL	Olivenöl zum Braten
100 ml	Gemüsebrühe oder Wasser
½ Halm	Zitronengras
1 EL	Estragon, fein geschnitten
30 ml	Sojasauce
	Salz
	Pfeffer aus der Mühle
1 EL	Schnittlauch, fein geschnitten

etwa 7 Minuten

Zubereitung

- Das Seeteufelfilet in kleine Stücke schneiden.
- Die Melanzane schälen und in 2 cm große Würfel schneiden.
- Cocktailtomaten waschen, eventuell schälen und halbieren.
- Meeresspargel waschen.
- 2 Esslöffel Olivenöl im Wok erhitzen, Seeteufel kurz darin anbraten, aus dem Wok nehmen und bereitstellen.
- Restliches Olivenöl im Wok erhitzen, Melanzane, Cocktailtomaten und Meeresspargel dazugeben, kurz durchschwenken, mit Gemüsebrühe aufgießen und kurz aufkochen lassen.
- Mit Zitronengras, Estragon, Sojasauce, Salz, Pfeffer und Schnittlauch würzen.

Fertigstellung

- Den Seeteufel dazugeben und kurz durchschwenken
- Auf Tellern anrichten und servieren.

TIPPS

1. *Anstelle der Cocktailtomaten können Sie auch Tomatenwürfel verwenden.*
2. *Sie können den Seeteufel durch Drachenkopf oder Seezunge ersetzen.*
3. *Statt Meeresspargel nehmen Sie Mönchsbart oder Hopfenspargel.*
4. *Servieren Sie gekochte Kartoffeln dazu.*

Lachsforelle mit Blumenkohl und Kapern

Für 4 Personen

Zutaten

320 g	Lachsforellenfilet
	Salz
	Pfeffer aus der Mühle
250 g	Blumenkohl
4 EL	Olivenöl zum Braten
1 EL	Kapern, grob gehackt
	Salz
50 ml	Gemüsebrühe oder Wasser
150 g	gedünsteter Langkornreis (siehe Seite 70)
50 g	Taggiasche-Oliven, ohne Stein und halbiert
1 EL	Schnittlauch, fein geschnitten

Weiteres

20 g	Lauchsprossen zum Garnieren

Lachsforelle: etwa 4 Minuten

Blumenkohl: etwa 5 Minuten

Zubereitung

- Lachsforellenfilet in kleine Medaillons schneiden und mit Salz und Pfeffer würzen.
- Blumenkohl in Röschen zerteilen und in dünne Scheiben schneiden.
- 2 Esslöffel Olivenöl im Wok erhitzen, Lachsforelle darin kurz anbraten, aus der Pfanne nehmen und bereitstellen.
- Restliches Olivenöl im Wok erhitzen, Blumenkohlscheiben darin rasch anbraten.
- Kapern dazugeben, salzen, mit etwas Gemüsebrühe aufgießen, kurz aufkochen lassen und bereitstellen.
- Gedünsteten Reis im Wok leicht anbraten, mit Taggiasche-Oliven und Schnittlauch vermischen und salzen.

Fertigstellung

- Reis auf Tellern verteilen, Blumenkohlscheiben und Lachsforellenmedaillons darauf anrichten, mit Lauchsprossen garnieren und servieren.

TIPPS

1. *Statt Lachsforelle verwenden Sie Forelle, Sabling oder Garnelen.*
2. *Sie müssen den Reis nicht anbraten, sondern können ihn auch nur gedünstet verwenden.*
3. *Anstelle des Blumenkohls verwenden Sie Artischocken oder Topinambur.*

Wokgemüse mit Steinbutt und Alfa-Sprossen

Für 4 Personen

Wokgemüse

- 120 g Karotten
- 100 g Knollensellerie
- 100 g Zucchini
- 1 EL Olivenöl zum Braten
- 100 ml Gemüsebrühe oder Wasser
- 20 ml Sojasauce
- 1 EL Petersilie, fein geschnitten
- Salz
- Pfeffer aus der Mühle

Steinbutt

- 400 g Steinbuttmedaillons
- Salz
- Pfeffer aus der Mühle
- 2 EL Olivenöl zum Braten

Weiteres

- 1 EL Alfa-Sprossen zum Garnieren
- 4 frittierte oder frische Basilikumblätter zum Garnieren

Wokgemüse: etwa 5 Minuten

Steinbuttmedaillons: etwa 4 Minuten

Wokgemüse

- Karotten, Knollensellerie und Zucchini putzen, waschen und in 4 cm lange, dünne Streifen schneiden.
- Olivenöl im Wok erhitzen, Gemüsestreifen darin kurz anbraten.
- Mit etwas Gemüsebrühe aufgießen und kurz aufkochen lassen. Mit Sojasauce, Petersilie, Salz und Pfeffer würzen und bereitstellen.

Steinbutt

- Steinbuttmedaillons mit Salz und Pfeffer würzen.
- Olivenöl im Wok erhitzen und Steinbuttmedaillons darin braten.

Fertigstellung

- Das Wokgemüse auf Tellern anrichten, die Steinbuttmedaillons darauflegen und mit etwas Saft vom Wokgemüse übergießen.
- Mit Alfa-Sprossen und Basilikumblättern garnieren und servieren.

TIPPS

1. *Anstelle der Alfa-Sprossen können Sie auch Lauch- oder Zwiebelsprossen verwenden.*
2. *Sie können statt Steinbutt auch Drachenkopf, Lachs oder Garnelen verwenden.*

Scampi mit Sprossen

Für 4 Personen

Sprossengemüse

120 g	Lauchzwiebeln
100 g	Erbsensprossen
100 g	Sojasprossen
20 g	Radieschensprossen
50 ml	Sesamöl zum Braten
100 ml	Gemüsebrühe oder Wasser
	Salz
	Pfeffer aus der Mühle
200 g	Tomaten, geschält und in kleine Würfel geschnitten

Scampi

4	große Scampi
	Salz
	Pfeffer aus der Mühle
30 ml	Sesamöl zum Braten
1 TL	Fenchelsamen, zerstoßen

Weiteres

1 EL	Erbsensprossen zum Garnieren

Sprossengemüse

- Lauchzwiebeln putzen und in Stücke schneiden, eventuell der Länge nach halbieren.
- Erbsen-, Soja- und Radieschensprossen waschen.
- Sesamöl im Wok erhitzen, Lauchzwiebeln, Erbsen-, Soja- und Radieschensprossen darin kurz anbraten.
- Mit etwas Gemüsebrühe aufgießen und kurz aufkochen lassen. Salzen und pfeffern, mit Tomatenwürfeln vermischen und bereitstellen.

Scampi

- Scampi von den Schalen befreien, den Darm entfernen und mit Salz und Pfeffer würzen.
- Sesamöl im Wok erhitzen und Scampi darin rundum anbraten. Aus der Pfanne nehmen und mit den zerstoßenen Fenchelsamen bestreuen.

Fertigstellung

- Sprossengemüse auf Tellern anrichten, mit Scampi belegen, mit Erbsensprossen garnieren und servieren.

Sprossengemüse: etwa 5 Minuten

Scampi: etwa 4 Minuten

TIPPS

1. *Anstelle der Lauchzwiebeln können Sie auch Lauch oder rote Zwiebeln verwenden.*
2. *Sie können anstelle der Scampi auch Garnelen oder Langusten verwenden.*

Garnelen mit Artischocken und Tomaten

FÜR 4 PERSONEN

Zutaten

4	Artischocken
200 g	Garnelenschwänze
3 EL	Olivenöl zum Braten
50 g	Zwiebeln, fein geschnitten
1	Knoblauchzehe, fein gehackt
40 g	Taggiasche-Oliven, ohne Stein, in Scheiben geschnitten
200 ml	Tomatenfond, Gemüsebrühe oder Wasser
120 g	Kirschtomaten, eventuell geschält
	Salz
1 EL	Petersilie, fein geschnitten
	Pfeffer aus der Mühle

Weiteres

1 EL	Olivenöl zum Beträufeln

etwa 7 Minuten

Zubereitung

- Artischocken putzen, die harten Außenblätter entfernen, waschen, Heu entfernen und Artischocken in Scheiben schneiden.
- Garnelen vom Panzer befreien und den Darm entfernen.
- Olivenöl im Wok erhitzen, Zwiebelwürfel, Knoblauch und Taggiasche-Oliven dazugeben und kurz anbraten.
- Artischocken und Garnelen ebenfalls dazugeben und kurz mitbraten.
- Mit Tomatenfond aufgießen, Kirschtomaten zufügen und kurz aufkochen lassen.
- Mit Salz, Petersilie und Pfeffer würzen.

Fertigstellung

- Auf Tellern anrichten, mit Olivenöl beträufeln und servieren.

TIPPS

1. *Statt Artischocken können Sie Topinambur oder Kartoffeln verwenden.*
2. *Sie können statt Garnelen auch Scampi verwenden.*
3. *Anstelle der Taggiasche-Oliven verwenden Sie Kapernfrüchte oder eingelegten Knoblauch.*
4. *Als Beilage servieren Sie gekochte Kartoffeln oder Reis.*

Gebackene Meeresfrüchte mit Chilisauce

FRITTURA

FÜR 4 PERSONEN

Chilisauce

500 g	rote Peperoni (Paprikaschoten)
120 g	Schalotten oder Zwiebeln
1	Knoblauchzehe, fein gehackt
120 ml	Wasser
250 g	Gelierzucker
80 ml	weißer Balsamicoessig
10 g	Ingwer, fein gerieben
1 TL	Peperoncinopulver oder 2 frische Peperoncini (Chilischoten), fein geschnitten

Gebackene Meeresfrüchte

200 g	Sardellen oder Sardinen
120 g	Ährenfische *(latterini)*, gewaschen
120 g	Kalmare *(calamari)*, geputzt und in Ringe geschnitten
	Salz
	Pfeffer aus der Mühle
50 g	Mehl
	Backfett

Weiteres

4	frittierte oder frische Basilikumblätter

Chilisauce: etwa 15 Minuten

Frittura:
etwa 170 Grad
etwa 4 Minuten

Chilisauce

- Peperoni mit dem Sparschäler schälen, halbieren und in kleine Würfel schneiden.
- Schalotten schälen, in kleine Würfel schneiden und mit den Peperoniwürfeln in einen Topf geben.
- Knoblauch, Wasser, Gelierzucker, Balsamicoessig, Ingwer und Peperoncinopulver dazugeben und weich dünsten, bis die Sauce eingedickt ist.
- Nach dem Erkalten sollte die Chilisauce eher dickflüssig sein.

Gebackene Meeresfrüchte

- Sardellen putzen, entgräten und waschen.
- Sardellenfilets gut abtrocknen und bereitstellen.
- Ährenfische waschen und abtrocknen.
- Sardellenfilets, Kalmare und Ährenfische salzen, pfeffern und in Mehl wenden.
- Backfett im Wok erhitzen, die Meeresfrüchte darin rasch frittieren und auf Küchenkrepp abtropfen lassen.

Fertigstellung

- Gebackene Meeresfrüchte auf Tellern anrichten, mit Chilisauce und frittiertem Basilikum servieren.

TIPPS

1. *Frittieren Sie nicht zu viele Meeresfrüchte auf einmal.*
2. *Servieren Sie Sauce Hollandaise oder Remouladensauce anstelle der Chilisauce.*
3. *Statt der genannten Meeresfrüchte können Sie Scampi, Garnelen oder Austern verwenden.*

Feine Bandnudeln mit Oktopus und schwarzem Knoblauch

FÜR 4 PERSONEN

Zutaten

500 g	Oktopus (Krake)
50 g	Zwiebeln
1	Knoblauchzehe, in Scheiben geschnitten
30 ml	Olivenöl zum Dünsten
50 ml	Weißwein
500 ml	Wasser
100 g	Tomaten, geschält und in Würfel geschnitten
1	Lorbeerblatt
	Salz
	Pfeffer aus der Mühle
1 TL	Petersilie, fein geschnitten
2	schwarze Knoblauchzehen, geschält, halbiert und gebraten
120 g	weiße Bohnen (Risina- oder Cannellinibohnen), gekocht

Weiteres

250 g	feine Bandnudeln
1 EL	Schnittlauch, fein geschnitten

Zubereitung

- Oktopus putzen, das harte Kauwerkzeug entfernen und Oktopus waschen.
- Zwiebeln schälen und fein schneiden.
- Olivenöl im Wok erhitzen, Zwiebelwürfel und Knoblauch darin dünsten, Oktopus dazugeben und mitdünsten.
- Mit Weißwein und Wasser aufgießen, Tomaten und Lorbeerblatt dazugeben, salzen, pfeffern und zugedeckt langsam schmoren lassen.
- Oktopus aus der Sauce nehmen und in mundgerechte Stücke schneiden.
- Die Sauce durch ein Sieb passieren.
- Oktopus, Petersilie, schwarzen Knoblauch und gekochte Bohnen zur Sauce geben.

Fertigstellung

- Bandnudeln in Salzwasser kochen und abseihen.
- Nudeln zur Sauce geben und kurz durchschwenken, auf Tellern anrichten, mit Schnittlauch bestreuen und servieren.

Oktopus: etwa 50 Minuten

Bandnudeln: siehe Packungsanweisung

TIPPS

1. *Am besten lassen Sie sich den Oktopus vom Fischhändler küchenfertig vorbereiten.*
2. *Sollte die Sauce zu dünnflüssig sein, können Sie diese mit Speisestärke (angerührt in etwas kaltem Wasser oder Weißwein) binden.*
3. *Statt Bandnudeln nehmen Sie Pappardelle oder Kartoffelnocken.*
4. *Anstelle des schwarzen Knoblauchs verwenden Sie eingelegten Knoblauch oder schwarze Oliven.*

Die Autoren bedanken sich bei den »So genießt Südtirol«-Partnern

www.forst.it

www.luchdapcei.it

www.galloni-meran.it

www.kueppersbusch.it

www.meinbeck.com

www.naegele.it

www.niederbacher.it

www.pircher.it

www.resch.it

www.rieper.com

Gasteiger Wieser Bachmann

So kocht Südtirol Team

www.so-kocht-suedtirol.it

Find us on: facebook

www.facebook.com/sokochtsuedtirol

Kleines Küchenlexikon

In der Auflistung finden Sie Zubereitungsmethoden und handwerkliche Begriffe, die Ihnen in den Rezepten und im Kapitel Wissenswertes begegnen und über die Sie vielleicht noch einmal genau informiert werden möchten.

Bitterbroccoli	Wird auch als Stängelkohl bzw. *cima di rapa* bezeichnet: Die ganze Pflanze ist genießbar und hat einen ausgeprägten Kohlgeschmack und -geruch.
Cipollotti	Zwiebelgewächs, auch als Lauchzwiebeln/Frühlingszwiebeln bekannt
Dijonsenf	pikanter Senf aus Frankreich
Enokipilze	gezüchteter Speisepilz aus Japan
Feta	Griechischer Salzlakenkäse mit intensivem Geschmack; ursprünglich ein drucklos ausgemolkter Schafskäse (teilweise auch Ziegenkäse)
Frühkohl	Er ist eine weiche Kohlart, die sehr schnell gegart werden kann. Dazu zählt man die verschiedenen Weißkohlarten wie Frühkohl oder Spitzkohl.
Macadamianuss	Diese Nuss hat einen besonders hohen Fettgehalt. 80 Prozent der Fette sind aber ungesättigte Fettsäuren, die gut für das Herz-Kreislauf-System sind.
Meeresspargel	Europäischer Queller oder Salicornes genannt. Eine Alge, die roh als Salat oder gedünstet als Gemüse verzehrt wird.
Radicchio trevisano	Es gibt davon zwei Sorten, einerseits den *Radicchio Rosso di Treviso Precoce*, andererseits den *Radicchio Rosso di Treviso Tardivo*
Salsiccia	italienische Schweinswurst; pikant gewürzt, ähnelt sie einer groben Bratwurst
Scamorza	birnenförmiger Käse aus Mittel- und Süditalien
Soppressa	italienische Salami; wird vor allem in den Regionen Friaul und Venetien hergestellt.
Tempura	Backteig aus Stärke, Mehl und Eiswasser. Hauptsächlich Garnelen, Fische, Pilze und Gemüse werden in den Teig getaucht und dann in heißem Öl gebacken.

Ländertypische Bezeichnungen

Öfters kommt es innerhalb der deutschsprachigen Länder zu Verwechslungen aufgrund von unterschiedlichen Benennungen. Die nachstehende Übersicht soll für Klarheit sorgen.

Südtirol/Italien	Deutschland
Calamari	Kalmare
Eidotter	Eigelb
Eiklar	Eiweiß
Melanzane	Auberginen
Peperoncino	Chilischote

Südtirol/Italien	Deutschland
Peperoni	Paprikaschoten
Rahm	Sahne
Rohnen	Rote Bete
Scampi	Kaisergranat/Langostinos
Vogelesalat	Feldsalat/Rapunzel

Register

Stichwörter mit **roten** Seitenzahlen befinden sich im Rezeptteil. Stichwörter mit **schwarzen** Seitenzahlen befinden sich im Abschnitt »Wissenswertes«.